Entre l'Ancien et le Nouveau Monde :

Le Québec comme population neuve et culture fondatrice

Gérard Bouchard

Imprimé et relié au Canada / Printed and bound in Canada

ISBN 2-7603-0430-2

© Les Presses de l'Université d'Ottawa, 1996
   University of Ottawa Press, 1996

Conférence Charles R. Bronfman en Études canadiennes

Entre l'Ancien et le Nouveau Monde :
Le Québec comme population neuve et culture fondatrice

par
Gérard Bouchard

Conférence prononcée
le 9 novembre 1995

Université d'Ottawa

Les Presses de l'Université d'Ottawa

Université d'Ottawa

Conférence Charles R. Bronfman en Études canadiennes

CETTE CONFÉRENCE DE PRESTIGE ANNUELLE SE TIENT GRÂCE À UN DON DE CHARLES R. BRONFMAN AUQUEL S'AJOUTE UNE SUBVENTION D'APPOINT DU MINISTÈRE DU PATRIMOINE CANADIEN. LE BUT DE LA CONFÉRENCE EST D'ENCOURAGER LA DIFFUSION DU SAVOIR PAR L'INVITATION DE PERSONNALITÉS QUI ONT CONTRIBUÉ DE FAÇON SIGNI-FICATIVE À L'ÉTUDE DU CANADA. COMPTE TENU DU CAR-ACTÈRE BILINGUE DE L'UNIVERSITÉ D'OTTAWA ET DE SA SITUATION AU COEUR DE LA CAPITALE NATIONALE, LA CONFÉRENCE CHARLES R. BRONFMAN SE FAIT SUR UNE BASE D'ALTERNANCE DANS L'UNE OU L'AUTRE DES LANGUES OFFICIELLES DU PAYS.

LA PUBLICATION DE LA CONFÉRENCE A ÉTÉ RÉALISÉE GRÂCE À UNE SUBVENTION DU PROJET REFLETS DU PATRIMOINE DE LA FONDATION CRB HÉRITAGE CANADA.

University of Ottawa

Charles R. Bronfman Lecture in Canadian Studies

THIS DISTINGUISHED YEARLY LECTURE IS MADE POSSIBLE
THANKS TO A DONATION FROM CHARLES R. BRONFMAN AND
TO A GRANT FROM THE CANADIAN STUDIES PROGRAM OF THE
DEPARTMENT OF CANADIAN HERITAGE. THE LECTURE SEEKS
TO PROMOTE SCHOLARSHIP BY INVITING PERSONALITIES
WHO HAVE MADE A SIGNIFICANT CONTRIBUTION TO THE
STUDY OF CANADA. GIVEN THE BILINGUAL CHARACTER OF
THE UNIVERSITY OF OTTAWA AND ITS LOCATION IN THE
HEART OF THE NATION'S CAPITAL, THE CHARLES R. BRONF-
MAN LECTURE IS GIVEN IN ONE OR THE OTHER OF CANADA'S
OFFICIAL LANGUAGES, ON AN ALTERNATING BASIS.

PUBLICATION OF THE LECTURE HAS BEEN MADE POSSIBLE
THROUGH A GRANT FROM THE CRB FOUNDATION HERITAGE
PROJECT.

Introduction

André Lapierre, directeur

Programme d'études canadiennes
Université d'Ottawa

J'ai le plaisir de vous présenter le conférencier Bronfman pour l'année 1995, Gérard Bouchard. Je le fais avec d'autant plus de plaisir que la carrière du professeur Bouchard est un témoignage éloquent de la pratique de l'interdisciplinarité, discours de recherche sur lequel repose le programme d'études canadiennes à l'Université d'Ottawa.

Gérard Bouchard est né à Jonquière, dans le pays et royaume du Saguenay. Il fait ses études de baccalauréat ès arts au Collège de Jonquière qu'il complète par un baccalauréat spécialisé en sociologie à l'Université Laval. En 1968, il obtient de la même université une maîtrise en sociologie et en 1971 un doctorat en histoire de l'Université de Paris-Nanterre. Pendant cette période, il est boursier du gouvernement français, du ministère de l'Éducation du Québec et du Conseil des Arts du Canada.

À son retour au pays, il assume un poste de professeur d'histoire à l'Université du Québec à Chicoutimi et fonde en 1972 le Centre interuniversitaire de recherches sur les populations. Cet

Introduction

organisme, qui accède en mai 1994 au statut d'Institut interuniversitaire, regroupe une quarantaine de chercheurs et repose sur une entente de coopération entre l'Université du Québec à Chicoutimi, l'Université Laval, l'Université McGill, l'Université de Montréal, l'Université Concordia et l'Université de Sherbrooke. L'Institut a pour but de constituer et d'exploiter, pour toutes les régions du Québec, un registre informatisé de population allant des débuts du XIXe siècle jusqu'à nos jours. Ce registre contient des données de nature économique, sociale, culturelle et démographique et donne lieu à des études dans ces domaines de recherche.

Un rapide survol du curriculum vitae de Gérard Bouchard montre à l'évidence que l'exploitation de cette base de données a donné lieu, au fil des années, à une activité scientifique des plus fécondes. On retiendra surtout, parmi les onze ouvrages individuels ou collectifs qu'il a publiés et des quelque 150 articles qu'il a signés dans des revues savantes, son *Introduction à l'histoire des populations du Saguenay, XVIe- XXe siècles*, ouvrage en collaboration qui a mérité le Prix Lionel-Groulx de l'Institut d'histoire de l'Amérique française ainsi qu'un certificat de mérite de la Société historique du Canada. On se souviendra aussi des travaux entourant le développement de la thèse de l'américanité du Québec dont on vient encore de publier un écho sous la plume d'Yvan Lamonde dans le numéro du printemps 1995 de la *Revue d'études canadiennes*. Qu'il s'agisse d'histoire régionale, de démographie, d'histoire sociale ou de génétique, la contribution de Gérard Bouchard a ceci de particulier qu'elle dépasse les frontières traditionnelles de ces disciplines et cherche à examiner des hypothèses inédites, en tissant de nouveaux liens entre les différents modes d'exploration de l'expérience humaine.

L'excellence du dossier scientifique de Gérard Bouchard a été remarquée à plusieurs reprises. En 1985, il est élu à l'Académie des lettres et des sciences humaines de la Société royale du Canada. La même année, il reçoit le Prix Jacques-Rousseau de l'Association canadienne-française pour l'avancement des sciences. La Société Radio-Canada le reconnaît comme scientifique francophone canadien de l'année en 1991. Deux ans plus tard, on lui attribue le Prix Léon-Gérin du gouvernement du Québec pour les sciences sociales. La même année, l'Institut qu'il dirige est désigné Centre de recherche de l'année au Québec par le FCAR.

C'est donc avec admiration pour une carrière scientifique particulièrement riche et aussi avec grand plaisir que je vous invite à accueillir notre conférencier Bronfman de l'année 1995, Gérard Bouchard.

Conférence Charles R. Bronfman

Entre l'Ancien et le Nouveau Monde :
Le Québec comme population neuve et culture fondatrice[*]

Gérard Bouchard

Conférence Charles R. Bronfman en Études canadiennes

le 9 novembre 1995

Nous savons tous que, depuis une quarantaine d'années, le Québec est une société en profonde mutation. Pour les sciences sociales, le véritable défi est de caractériser la nature et les ressorts de cette dynamique de changement, d'entrevoir là où elle conduit et de reconnaître les choix et les enjeux associés à

[*]Cet essai est une sorte de résumé de divers textes déjà publiés par l'auteur sur le sujet et dans lesquels on pourra trouver bien des précisions et clarifications qui font nécessairement défaut ici. Voir en particulier G. Bouchard (1990a, 1993, 1995a, 1995b, 1995c). Nous tenons à remercier tout particulièrement notre collègue Yvan Lamonde, de l'Université McGill, avec qui nous avons souvent échangé — toujours avec grand profit — sur divers thèmes de la présente réflexion qu'il a lui-même abordés dans certains de ses écrits.

cette évolution. Nous aimerions montrer dans les pages qui suivent en quoi un détour par le passé, tel que mis en forme par la démarche historique, peut aider à progresser dans chacune de ces directions. La proposition générale mise de l'avant peut s'énoncer comme suit : contrairement aux autres populations des Amériques, le Québec est une collectivité neuve qui a eu beaucoup de difficulté à se percevoir et à se projeter comme telle, à rompre ses références françaises et européennes pour se constituer en société originale sur le nouveau continent. Dans cette perspective, nous dirons que le Québec est présentement engagé dans sa deuxième tentative de rupture depuis le XVIIe siècle. Le commentaire de cette proposition invite à aborder trois thèmes : d'abord, les représentations que, traditionnellement, les Québécois se sont données d'eux-mêmes et les contradictions qu'elles véhiculaient; deuxièmement, la construction de ce que nous appellerons une américanité québécoise; troisièmement, la nature un peu singulière des rapports entre, d'une part, les classes populaires et, d'autre part, les élites socioculturelles et politiques entre le milieu du XIXe siècle et le milieu du XXe.

Il y a de nombreuses façons, on le sait bien, d'aborder l'histoire culturelle du Québec. Nous ne prétendons certes pas que celle qui suit soit la bonne ou meilleure qu'une autre; elle permet simplement d'en éclairer certains aspects qui n'ont pas été assez mis en relief jusqu'ici. Elle présente également l'avantage de projeter un éclairage renouvelé sur des réalités devenues peut-être trop familières[1]. En fait, nous nous sommes surtout employé à trouver un angle qui dégage une nouvelle perspective de synthèse sur le passé et le présent québécois.

I

DE FAUSSES REPRÉSENTIONS COLLECTIVES

Examinons d'abord brièvement ces représentations collectives que les Québécois se sont données d'eux-mêmes, en gros entre le milieu du XIXe et le milieu du XXe siècle. C'est ici le lieu d'un étonnant paradoxe. Il faut d'abord rappeler que le Québec, tout comme les États-Unis, les pays d'Amérique latine, l'Australie, la Nouvelle-Zélande et

---

[1] Notre exposé est centré sur la vieille population francophone du Québec, ce que naguère on appelait les Canadiens français. Par simple souci de commodité, nous utiliserons également le vocable « Québécois » pour y référer, sauf indication contraire. Dans le cadre d'un exposé à caractère historique, cette convention paraît d'autant plus admissible que la communauté anglophone de la province de Québec a suivi durant les deux derniers siècles son propre cheminement, lequel ne sera pas commenté ici. Cela dit, pris dans son sens propre, il va de soi que le concept de Québécois recouvre aujourd'hui ces deux sous-populations.

quelques autres collectivités, peut être considéré comme une culture fondatrice, ou mieux encore, comme une population ou une collectivité neuve. Nous désignons par là toutes ces populations qui, dans un passé relativement récent, sont nées de transferts migratoires internationaux ou intercontinentaux à partir de vieilles aires de peuplement vers des territoires neufs (ou, plus précisément, considérés et traités comme tels), en sorte que les premiers arrivants pouvaient éprouver le sentiment d'une sorte de temps zéro de la vie collective. Le cas du Québec correspond bien à cette définition; presque toute sa population francophone est issue d'environ 12 000 immigrants français qui ont quitté leur pays aux XVIIe et XVIIIe siècles pour prendre racine dans la vallée du Saint-Laurent. Il est remarquable que ce genre de population donne souvent lieu à des traits culturels assez spécifiques, dont quatre en particulier nous intéressent. À un moment ou l'autre de leur évolution, on observe, en effet, dans la plupart de ces cultures fondatrices :

• Un mouvement de **rupture** avec les idéologies, les références, les modèles culturels des mères patries. Cette rupture s'exprimera, par exemple, dans une critique générale de l'ancienne société jugée déclinante, incapable de progrès, corrompue, et par la volonté de s'en éloigner;

- Des utopies de **recommencement**, des projets de reconstruc-tion sociale qui se traduisent dans des mythes fondateurs, dans des rêves de société parfaite, supérieure, dans des valeurs et des idéologies de remplacement, dans de nouvelles définitions collectives;

- Des pratiques d'**appropriation** des nouveaux espaces qui se trouvent ainsi nommés et apprivoisés dans la langue, la toponymie, la nomenclature spatiale, les légendaires, la symbolique de l'appartenance, l'essor d'une matrice identitaire. On assiste alors à l'élaboration progressive de nouveaux modèles rituels et coutumiers, à la création d'une nouvelle culture exprimée aussi dans les modes d'aménagement physique (habitat, paysages), dans les techniques, dans les modèles vestimentaires et dans toutes les pratiques ritualisées de la vie quotidienne;

- Une **émancipation politique** aboutissant à la création d'un État souverain.

Ces quatre processus peuvent s'entrecroiser ou se conjuguer selon divers calendriers. Il appert que, tôt ou tard, les trois premiers tendent à converger et à culminer dans l'accession à l'indépendance politique, qui est l'acte culminant de la rupture institutionnelle. Elle se donne aussi comme l'expression achevée de l'américanité, que nous définissons comme étant la résultante, sur le plan culturel, des quatre processus de rupture / recommencement / appropriation / émancipation. Mais il est évident que cette géométrie peut être brisée et donner lieu aux arrangements les plus divers.

Indirectement, ce modèle de la reproduction dans la différence peut rappeler celui qui a été proposé naguère par L. Hartz (1964) pour rendre compte de la diffusion des idéologies européennes et de leurs transformations dans les *founding societies*, selon un processus de fragmentation qui confère à chaque société nouvelle ses propres spécificités idéologiques. Notre proposition est en réalité assez éloignée de cette philosophie évolutionniste. D'abord, elle veut embrasser toute la culture, et non seulement les idées politiques et sociales. En outre, elle ne préjuge pas des orientations idéologiques qui peuvent émerger d'une société à l'autre : il arrive que les collectivités neuves adhèrent au paradigme de la continuité plutôt que de la rupture (voir *infra*, à propos du Québec et du Canada). Elles peuvent aussi adopter, d'une façon plus ou moins durable, toutes sortes de positions intermédiaires. En outre, ces orientations générales peuvent se concrétiser dans des idéologies sociopolitiques très disparates, de droite ou de gauche.

✗L'histoire des États-Unis illustre quasi parfaitement le modèle des populations neuves et des cultures fondatrices adonnées à la rupture et au recommencement. On y trouve en effet étroitement conjugués les quatre processus évoqués plus haut. La critique virulente de la société anglaise, donnée comme une société de privilèges et d'intolérance, en stagnation, se doublait du projet d'édifier en Amérique une collectivité différente et supérieure, fondée sur des idéaux d'égalité, de progrès, de démocratie, sur le dynamisme et l'esprit d'entreprise, sur la recherche ordonnée du bonheur. La traduction politique de cette dynamique d'affranchissement est également exemplaire avec, dans la seconde moitié du XVIIIe siècle, la diffusion des idéologies républicaines, la guerre d'Indépendance et la rédaction d'une nouvelle constitution. Mais, au-delà de ces actes fondateurs officiels, pour ainsi dire, plusieurs autres figures du passé étatsunien concrétisent le modèle de la collectivité neuve. Pensons aux nombreux projets de petites communautés idéales, inspirés la plupart du temps par le modèle biblique du travail dans l'harmonie et dans la fraternité; pensons aussi, dans un tout autre contexte, à la mythologie turnerienne de la frontière où se mêlaient, encore une fois, des ingrédients de rupture, de recommencement et d'appropriation : construire une société différente et supérieure en fusionnant les apports les plus hétérogènes des vieilles sociétés d'Europe, mettre à profit les ressources des nouveaux espaces pour édifier une collectivité dynamique, progressiste, purgée des tares des mères patries. Sous ce rapport, on pourrait faire témoigner aussi la plupart des pays d'Amérique latine qui, entre le XVIe et le XIXe siècle, ont parcouru des itinéraires analogues, bien que marqués par de fortes spécificités.

En regard de ces exemples, on voit bien ce qu'il peut y avoir de singulier dans l'histoire du Québec[2]. En simplifiant, on pourrait dire que, jusque dans les années 1830, l'évolution de cette société a épousé, *mutatis mutandis*, le modèle des collectivités neuves, et ceci en dépit du traumatisme de la

---

[2] Et, peut-être aussi, dans le cas du Canada lui-même, dont l'histoire serait à réexaminer sous le même éclairage et avec autant de profit; notre démarche devrait du reste nous y conduire naturellement, dans la suite de la présente enquête (voir note 5).

défaite militaire de 1760 qui a fait de la Nouvelle-France une colonie anglaise. Assez tôt, on observe en effet une dérive dans la langue, dans les coutumes, dans l'habitat, dans la culture matérielle en général, dans la formation d'un discours identitaire de plus en plus revendicateur. Le premier tiers du XIXe siècle, en particulier, fut marqué par une véritable volonté d'émancipation sociale et politique exprimée par une petite bourgeoisie en plein essor et tendant vers la constitution d'un État. Des travaux récents (L.-G. Harvey, 1990; A. Greer, 1993; Y. Lamonde, 1995a) ont bien montré que le mouvement patriote, dirigé par Papineau, était porteur d'un projet de république à l'américaine, nourri des mêmes valeurs libérales et démocratiques. Du point de vue qui nous intéresse, l'événement décisif fut la cassure de 1837-1838. L'échec de cette tentative d'insurrection, conjugué aux réprimandes constitutionnelles qui ont suivi, a compromis la dynamique d'affranchissement et de rupture, entraînant une sorte de retour à la case départ. Désormais, au cours des décennies qui ont suivi 1840, la principale voie d'avenir pour de larges segments des élites québécoises a paru résider dans un idéal de survivance culturelle défini principalement comme un repli sur le passé : préservation de l'héritage, fidélité aux racines, culte de la mère patrie[3]. Étrangement, cette collectivité de peuplement adoptait peu à peu les réflexes d'une vieille société en se donnant comme vocation principale de reproduire, de perpétuer le plus intégralement possible le modèle de la société d'origine, en se projetant continuellement dans une tradition largement mythique plutôt que de s'adonner pleinement au rêve continental[4]. La continuité allait remplacer la rupture comme idéal collectif; l'avenir, dans une large mesure, serait une sorte de projection du passé; la mémoire des origines se substituait à l'exaltation du rêve américain[5].

Bien sûr, il faudrait faire ici beaucoup de nuances. L'histoire des rapports culturels que le Québec a entretenus avec la

---

[3] La nation se détache de l'État et glisse dans la nationalité, c'est-à-dire dans la culture. À ce propos, F. Dumont (1987, p. 329) résume ainsi le message livré par l'oeuvre de François-Xavier Garneau : « … la nation [politique] va mourir dans son existence empirique, mais elle survivra dans la mémoire des hommes grâce au monument édifié par l'écrivain. »

[4] Au terme de son enquête sur la formation et l'évolution de la société québécoise entre le XVIIe et le XIXe siècle, F. Dumont (1993, p. 331) remarquait : « Il est des peuples qui peuvent se reporter dans leur passé à quelque grande action fondatrice : une révolution, une déclaration d'indépendance, un virage éclatant qui entretient la certitude de leur grandeur. Dans la genèse de la société québécoise, rien de pareil. »

[5] On perçoit mieux ici les éléments d'analogie (de différence aussi) avec l'histoire du Canada anglais, fortement marquée également par la continuité politique et culturelle à l'égard de la mère patrie. Rappelons que son décrochage européen et son accession à la souveraineté politique se sont effectués sans à-coup, dans la plus grande discrétion : à tel point que cette « rupture » échappe un peu aux entreprises de la mémoire collective qui voudraient en faire un acte fondateur.

France demeure très complexe, même dans sa phase la plus continuiste (voir à ce propos Y. Lamonde, 1995b). Les membres des élites sociopolitiques et culturelles[6] ne se sont pas tous engagés dans cette nouvelle vocation et certains l'ont fait bien timidement. De même, on relève de toute évidence une sensibilité différente chez les conservateurs et chez les libéraux. Cela dit, au-delà des partis politiques et des familles idéologiques, de forts éléments de consensus émergent autour de ce qu'on peut appeler une tendance culturelle dominante. Celle-ci prend progressivement forme de paradigme au cours de la seconde moitié du XIXe siècle et elle se maintiendra avec des hauts et des bas jusqu'au milieu du siècle suivant[7]. Pensons à Mgr Bourget et à Papineau qui, en 1848, oublient leurs différends pour parrainer conjointement la cause de la colonisation. On sait aussi qu'il a existé un discours libéral anti-étatsunien (l'historien François-Xavier Garneau était opposé au projet d'annexion du Québec aux États-Unis) et que, traditionnellement, la pensée libérale québécoise a toujours été

---

[6] C'est-à-dire les professions libérales, le clergé, les journalistes, les littéraires, les scientifiques, les enseignants, les artistes.

[7] Nous parlons d'une tendance dominante parce qu'elle s'est imposée non seulement dans la sphère proprement idéologique mais aussi dans l'organisation sociale et culturelle : religion, enseignement, édition (en très grande partie), organismes de loisir, et le reste.

très attachée à la culture de la France et à la nationalité canadienne-française, sauf exception[8]. L.-O. David fut un promoteur de la littérature dite « nationale », Crémazie condamna l'émigration vers les États-Unis, Arthur Buies oeuvra en faveur du mouvement colonisateur, Errol Bouchette souhaitait l'industrialisation du Québec mais avec un minimum d'urbanisation et de changement social, etc. On assiste ainsi à partir des décennies 1840 et 1850 à la mise en place d'une vision du monde, d'un paradigme de la survivance dans la continuité, qui prendra peu à peu le relais d'une amorce de rupture et de recommencement collectif[9]. Tout ce programme culturel allait s'appuyer sur une historiographie largement mythique qui devait beaucoup aux références françaises. Grâce aux représentations qui en ont résulté, le Québec a cultivé longtemps la nostalgie d'un passé qui n'était pas vraiment le sien.

En résumé, l'essor des populations neuves paraît donner lieu à deux modèles de cultures fondatrices (assortis, bien sûr, d'un large éventail de figures intermédiaires); l'un consiste dans une volonté de reproduction à l'identique par rapport à la mère

---

[8] Le libéral Honoré Beaugrand avait pour emblème de ses « armoiries » un coq gaulois et pour devise « France d'abord » (H. Beaugrand, 1989, p. 29).

[9] Des recherches en cours d'Yvan Lamonde (sur la référence aux mouvements nationalitaires au XIXe siècle) montrent que le modèle de la rupture connaît un sursaut au cours des années 1840.

patrie (continuité), l'autre dans un projet de recommencement dans la différence (rupture).

Des attitudes durables, des ambiguïtés, des contradictions

Au Québec, le paradigme de la survivance et de la continuité reflétait l'impasse d'une bourgeoisie à vocation nationale dont l'essor était compromis par la dépendance politique et économique. À court terme, comme nous l'avons indiqué plus haut, la solution passait par l'aménagement d'un espace socioculturel dans lequel les élites allaient fonder à la fois leur légitimité et leur exclusivité sur l'échiquier nord-américain. Cette orientation allait susciter des attitudes collectives durables qu'on pourrait caractériser par les traits suivants :

• D'abord, l'obsession de la différence. Aux écrivains, journalistes, essayistes de cette époque, il était de la plus haute importance de présenter les Canadiens français comme radicalement différents de leurs voisins canadiens-anglais et étatsuniens. Leur « nationalité », comme on disait alors, était faite de caractères uniques à préserver, comme il sied aux plus antiques patrimoines. On s'employait inlassablement à mousser ses traits distinctifs[10], quitte à en inventer au besoin, comme nous verrons plus loin;

• Un postulat d'homogénéité de la société québécoise faisait pendant au premier, comme si cette nation trop fragile ne pouvait souffrir de clivages, de diversité. Elle était le plus souvent représentée comme étroitement intégrée, solidaire, harmonieuse, uniforme. Même les analyses sociologiques ou anthropologiques de la société rurale (de Gauldrée-Boilleau et Léon Gérin jusqu'à Horace Miner et à Marcel Rioux) épousaient cette prémisse[11]. On affirmait par ailleurs l'« unité absolue du parler canadien » (Adjutor Rivard), la « pureté » de la race, la pérennité de l'« âme française ». En somme, autant la nation était différente par rapport aux autres, autant elle était homogène en elle-même. Les impératifs de la survie rendaient les porte-parole de la nation aussi peu enclins à faire ressortir la diversité interne qu'à rechercher les ressemblances avec les voisins;

---

[10] Dans la culture, dans la société, dans la « race », et même dans la géographie : le botaniste Marie-Victorin n'était-il pas tenté de voir une figure de la Laurentie dans les traits d'une région floristique naturelle dans le Bouclier canadien (M. Fournier, 1983).

[11] Voir C.-H.-P. Gauldrée-Boilleau (1968), L. Gérin (1968), H. Miner (1963), M. Rioux (1974).

- Il en résultait une grande crainte de l'étranger. Tout ce qui était différent menaçait la nation fragile. On pense ici aux mobilisations suscitées par divers projets (ou « menaces ») d'immigration et de colonisation animés par des communautés de Doukhobors, de Juifs, de Mennonites, de Finlandais, de Fenians, et d'autres. Dans chaque cas, c'était des représentants des élites socioculturelles et politiques qui faisaient échec au projet et non pas, comme on pourrait le penser, l'hostilité spontanée des classes populaires elles-mêmes. Il serait possible de retracer ici l'origine de la xénophobie qui a longtemps caractérisé le vieux nationalisme canadien-français. Le souci de maintenir des réserves territoriales pour la survie de la nation menacée inspirait l'opposition à ces projets de peuplement qui représentaient une compétition pour l'espace habitable et un facteur de corrosion pour la nationalité catholique et francophone.

Il faut interpréter de la même manière le fort sentiment anti-étatsunien et, plus généralement, anti-américain qui a animé l'ancien nationalisme et qui, en son temps, a inspiré l'un des courants de pensée les mieux établis au Québec. Source d'attraction auprès du peuple, les États-Unis suscitaient une grande inquiétude parmi les élites nationales, qui voyaient dans le mélange des « races » et des religions un ferment de corruption de la nationalité. Pour contrer l'émigration qui, entre 1830 et 1930, draina plus de 900 000 Québécois aux États-Unis[12], les élites répliquèrent, dans un premier temps, par une campagne de dénigrement qui faisait de ce pays la patrie de l'irréligion, de l'immoralité, du matérialisme, de la vulgarité. Cette stratégie demeurant sans effet, on s'employa ensuite à encadrer et à diriger le mouvement dans l'espoir d'étendre en plein territoire étatsunien la nationalité canadienne-française[13]. On sait que, depuis, ce discours anti-étatsunien a renoncé à ses utopies et a largement retraité, mais il a subsisté jusqu'aux années récentes sous des formes diverses, de droite comme de gauche (pensons à Pierre Vadeboncoeur, à Marcel Rioux, à *Parti pris*).

Dans le même esprit, la plupart des littéraires, des historiens et des folkloristes projetaient une représentation étriquée de

---

[12] Pour bien apprécier l'ampleur du phénomène, il faut considérer ces chiffres — déjà élevés — en regard des effectifs modestes de la population totale à l'époque : moins d'un million en 1851, 1,7 million en 1901, moins de 3 millions en 1931.

[13] Les plus optimistes (le chanoine Lionel Groulx fut de ceux-là) rêvèrent de convertir ainsi toute l'Amérique au catholicisme, ce qui n'était somme toute qu'une autre manière de la fuir ou de la nier. Voir à ce propos Y. Lamonde (1996).

l'identité canadienne-française, dont toute la culture était dite héritée de la France : ils en avaient reçu la religion, la langue, les coutumes, les traditions orales, la civilisation matérielle. Les reconstitutions scientifiques proposées faisaient peu de place aux apports amérindiens, écossais, irlandais, anglais et autres. Invariablement, les traits de la culture canadienne-française reproduisaient ceux de la mère patrie. C'était là une manière savante de refuser une américanité que les idéologies s'employaient plus ouvertement à combattre.

Le paradigme de la survivance s'est maintenu jusqu'au milieu du XXe siècle malgré les ambiguïtés et les contradictions dont il était porteur. En voici quelques exemples :

- Le postulat de l'homogénéité était démenti par les disparités qui stratifiaient l'espace culturel québécois : celles qui s'inscrivaient dans l'habitat rural et urbain, dans la hiérarchie des classes sociales, dans les particularismes régionaux, dans les traits de la culture savante et de la culture populaire;
- C'était une culture que les élites caractérisaient d'abord par la tradition, alors même qu'elles appartenaient à une collectivité neuve, fondatrice, à une nation en train de se faire. La vallée du Saint-Laurent n'avait que deux cents ans en 1840,

époque à laquelle tout le Québec péri-laurentien (soit une dizaine de régions) commençait à peine à prendre forme[14];

• C'était aussi une culture qui, dans la pensée, dans la littérature et dans les arts, se définissait officiellement par des références européennes alors qu'à la base, dans sa quotidienneté, elle était confrontée à des situations, des expériences de vie collective spécifiquement nord-américaines. La littérature de la seconde moitié du XIXe siècle offre de beaux exemples de cette distorsion. Ainsi, voulant mettre en scène des Amérindiens, les poètes et romanciers québécois empruntaient leurs modèles à la littérature française. Il en allait ainsi avec la description des paysages, le choix des personnages, le montage des intrigues, et le reste. « Le Canada français, écrit Gilles Marcotte (1989, p. 91), n'a pas su se raconter l'Amérique. » Il n'a pas su non plus — et c'est le reproche que des intellectuels français (Xavier Marmier, par exemple) lui faisaient dès la fin du XIXe siècle — raconter aux autres son Amérique;

• Chacun de ces traits, à sa façon, accuse l'antinomie qui caractérisait la relation entre, d'un côté, les élites sociocultu-

---

[14] En fait, la colonisation du territoire québécois n'a été complétée qu'au milieu du XXe siècle.

relles et sociopolitiques et, de l'autre, les classes populaires rurales et urbaines (en gros, tous les travailleurs manuels). Les premières cultivaient leurs appartenances françaises, européennes, dans lesquelles elles puisaient leurs critères du beau, de l'authentique, de la convenance, de la respectabilité; les autres se laissaient immerger dans l'improvisation, dans la découverte de l'américanité, dans les réalités et les rêves du continent[15];

- Cette antinomie était porteuse de toutes sortes d'ambiguïtés et de distances. Maurice Lemire (1982, 1986), par exemple, relève dans les oeuvres littéraires du XIXe siècle une sorte de mépris envers le peuple, qui incitait les créateurs à se détourner de la réalité locale et à situer ailleurs leurs intrigues et leurs personnages, qui dressait aussi les élites contre le mauvais français, les mauvaises moeurs, les mauvaises manières. Il est utile de rappeler ici l'aphorisme de l'abbé Henri-Raymond Casgrain, selon lequel il fallait peindre le peuple canadien-français non pas tel qu'il était mais tel qu'on aurait voulu qu'il fût;

---

[15] C'est un thème que, de leur côté, à partir de leurs propres aires de recherche, Y. Lamonde (1984, 1995b) et R. Montpetit (1983) ont commenté également, d'une manière très proche de la nôtre.

• La distance la plus visible s'inscrivait dans le clivage des langues. Les élites, le clergé surtout, s'employaient à « parler en termes » (selon l'expression populaire). Le « bon français », châtié, classique, symbolisait leur rang. Les gens du peuple, eux, parlaient le français de l'américanité, celui qui se nourrissait de la dérive des mots et des sens : langue un peu débraillée, écorchée par son face-à-face avec le continent, mais à tout prendre, beaucoup plus musclée, plus inventive et plus vivante que l'autre, malgré la réprobation dans laquelle elle était souvent tenue.

On pourrait évoquer bien des corollaires de cette équation culturelle qui restait ouverte aux deux bouts mais dans des directions opposées, et qui, à divers égards, dressait les élites contre le peuple. Nous nous contenterons de deux exemples. Le premier concerne l'inhibition de la culture populaire, qui ne trouva guère de voies officielles d'expression avant la fin des années 1950 avec la naissance des festivals populaires[16]. Inhibition, le mot n'est pas trop fort : comment expliquer

---

[16] Nous parlons ici de voies officielles, à bien distinguer des manifestations plus ou moins illicites — et bien vigoureuses, celles-là — de la culture populaire, qu'il s'agisse de charivaris, d'inventions dialectales, de pratiques dévotes réprouvées, de loisirs sous surveillance, et le reste.

autrement l'absence d'un véritable légendaire du pionnier dans la culture québécoise alors même que l'expérience collective du peuplement, étalée sur trois siècles, ne s'est terminée qu'il y a une cinquantaine d'années dans des régions comme l'Abitibi, le Saguenay—Lac-Saint-Jean, la Côte-Nord ou le Bas-Saint-Laurent? Au Québec, ce sont les notables qui ont construit ce discours, et ils l'ont fait à leur manière, en montrant dans le peuplement l'épopée de la langue et de la foi en expansion, en faisant du colon un croisé de la nationalité française, en imputant à son action des motivations et des finalités qui n'étaient pas vraiment les siennes, en offrant de la ruralité une représentation aseptisée et mielleuse[17]. Même le témoignage très célébré du français Louis Hémon (*Maria Chapdelaine*) n'a pas su rendre l'essentiel de ces communautés de peuplement, insistant plutôt sur une culture de la mémoire et de la survivance (« Nous sommes venus il y a trois cents ans et nous sommes restés… s'il est vrai que nous n'avons guère appris, assurément

---

[17] Une démarche opposée aurait consisté à saisir la société rurale de l'intérieur, dans ses ressorts spécifiques. Ainsi, parmi d'autres, la dynamique de la reproduction de la famille paysanne avec ses divers impératifs, offre un terrain d'interprétation infiniment plus solide, plus proche de la réalité du peuplement, avec ses interactions complexes où entrent la démographie, l'économie, la géographie et la culture.

nous n'avons guère oublié »)[18]. Ce discours en cachait évidemment un autre, qui n'aurait pu s'écrire qu'avec les mots, les symboles, les accents du continent. À ce propos, la comparaison avec les États-Unis est éloquente encore; là, en effet, une culture savante s'est largement nourrie de l'expérience de la frontière et l'a mise en forme dans une mythologie qui est encore bien vivante aujourd'hui dans le roman, dans le discours politique, dans la vie quotidienne.

Le second exemple est l'exacte contrepartie du premier : c'est la stérilisation qui a frappé la culture savante au Québec au cours de ce long siècle pendant lequel elle s'est elle-même placée dans une sorte d'exil en sa demeure[19]. Feignant de tourner le dos à la culture vivante du continent, elle entretenait des réticences et des dépendances qui non seulement la dépaysaient, mais la rendaient en outre largement captive d'une culture figée, celle de la grande France et de ce qui en a

---

[18] Dans la même veine, on songe aux romans de Félix-Antoine Savard et d'Alexandre Dugré, aux films de l'abbé Maurice Proulx sur l'Abitibi, aux récits de notables en excursion dans des régions de colonisation, etc. (à ce sujet, G. Bouchard, 1995b).

[19] Pour ne pas parler de la tentation toujours présente du « retour » en France, à laquelle plusieurs n'ont su résister — la plupart du temps d'ailleurs pour découvrir que la France, elle aussi, avait un peu trahi la grande culture française…

survécu aux XIXe et XXe siècles[20]. Elle s'enfermait ainsi dans une double abstraction qui l'éloignait à la fois de la culture française vivante et de l'américanité en train de se faire.

Des distorsions, des contrefaçons

Ce paradoxe vaut d'être souligné : les élites ont fini par se trouver captives des retranchements qu'elles avaient elles-mêmes édifiés pour mieux s'affirmer. Les impasses et les contradictions qui en ont résulté ont pu être déjouées pendant un temps au prix de toutes sortes de contorsions et de distorsions dans la perception de soi et des autres, dont les sciences sociales portent témoignage de diverses façons. La culture savante a eu en effet tendance à projeter comme singuliers des phénomènes ou des traits qui ne l'étaient guère et à leur trouver des explications, celles-là, très singulières, assurément.

- Jusqu'au milieu du XXe siècle, le monde rural a occupé une très grande place dans les lettres québécoises, comme matrice identitaire. Pourtant, le Québec s'était urbanisé plus vite que les autres provinces canadiennes et que divers pays

---

[20] Il convient, encore ici, d'apporter une nuance, dans la mesure où les libéraux étaient également ouverts à la pensée de la France moderne.

européens (incluant la France)[21]. Dès 1921, il comptait plus de citadins que de ruraux. La réalité du monde urbain, ferment d'américanité, a mis bien du temps à pénétrer l'imaginaire savant.

baby boom

• Il est instructif d'observer comment les élites en sont venues à expliquer la forte fécondité des Québécois par la thèse de la revanche des berceaux. On montrait que la procréation élevée avait été la réplique des familles à la défaite militaire de 1760 et à tous les périls que ses répercussions avaient fait peser sur l'avenir de la nation. On prêtait aux couples paysans la volonté d'assurer par le nombre (et dans l'alcôve) la survie canadienne-française. En réalité, ce qui est assuré, c'est que les élites, le clergé au premier rang, se sont vigoureusement employés à inculquer ces motivations aux gens du peuple. Mais aucune étude n'a jamais démontré qu'il faille voir là la clé de la forte fécondité québécoise. Il est sans doute plus éclairant de rappeler que la fécondité élevée est une caractéristique de toutes les collectivités de peuple-

---

[21] Le segment urbain de la population de la province de Québec est passé de 39 p. 100 à 75 p. 100 entre 1901 et 1961. Au cours de la même période, et sauf au recensement de 1911, son taux d'urbanisation a toujours été supérieur au taux canadien et il a dépassé le taux ontarien à deux reprises, soit en 1931 et en 1941.

ment. On relève ce trait dans les premières communautés de la Nouvelle-Angleterre au XVIIe et au XVIIIe siècle; on le voit dans les régions de frontière du Midwest étatsunien au XIXe siècle et au début du XXe; on le voit aussi, à la même période, dans les régions de peuplement qui se sont ouvertes en Norvège, en Suède, en Finlande (au nord d'Oslo, de Stockholm, d'Helsinki). Et on peut en dire autant, à la même époque toujours, des régions de peuplement de l'ex-URSS. En fait, des modèles économiques et culturels relativement simples et autrement convaincants font aisément voir la rationalité pour ainsi dire universelle des familles nombreuses dans ces contextes d'éloignement, d'isolement et d'inorganisation sociale où la main-d'oeuvre est rare et où la vie collective doit se replier sur des îlots communautaires, sur les solidarités du sang et du voisinage. Ainsi, les contextes de peuplement rendent les familles nombreuses à la fois nécessaires (isolement géographique et spatial) et possibles (abondance de terres cultivables)[22]. Il s'y ajoute, bien sûr, d'importants facteurs culturels, mais ils ont assez peu à voir avec le sort de la nationalité.

---

[22] Voir à ce propos G. Bouchard (1996).

- La force de la famille canadienne-française est un autre thème bien connu. On se plaisait à y voir l'héritage, la survivance des vieilles traditions et vertus catholiques et françaises. Mais, encore une fois, une analyse d'histoire sociale assez élémentaire amène à remplacer ces vertus par les nécessités de la vie collective en contexte de colonisation. Comme le montre une démarche comparative, il s'agit en réalité d'un trait assez universel qui déborde du reste les aires de peuplement et s'étend à toutes les communautés en situation de marginalité spatiale, sociale ou culturelle. Une autre explication, proposée d'abord par le sociologue Léon Gérin (1946) et reprise par Philippe Garigue (1956, 1962), n'est pas plus convaincante, pour la même raison : la force de la famille canadienne-française serait un effet de compensation, la défaite de 1760 ayant décapité la société de la Nouvelle-France.

- Comme chacun sait, l'enracinement (l'« esprit de clocher ») est donné comme un autre trait de la mentalité traditionnelle des Québécois. De nouveau, il semble y avoir eu confusion entre le voeu des élites et la réalité quotidienne (ce qui était, au demeurant, assez conforme à la directive énoncée par l'abbé Casgrain, voir *supra*). Les recherches d'histoire démographique les plus rigoureuses font plutôt ressortir la surprenante mobilité géographique dont faisaient preuve les populations pré-industrielles, y compris la population québécoise. Il suffit ici de se référer, encore une fois, aux chiffres de l'émigration vers les États-Unis entre 1830 et 1930 et aux diverses mesures de la mobilité à l'échelle locale. On peut prendre, parmi d'autres, l'exemple du Saguenay où près de 50 p. 100 des individus nés entre 1840 et 1880 ont, à un moment ou l'autre de leur vie, migré hors de la région, soit comme enfants avec leur famille, soit comme adultes (célibataires ou mariés). Toutes les études de ce genre réalisées à ce jour sur des communautés ou des régions du Québec entre le XVIIe et le XIXe siècle ont livré des résultats à peu près semblables.

• On a moussé l'esprit religieux des Québécois jusqu'à en faire un trait qui leur était quasi spécifique. Selon plusieurs essayistes, les valeurs spirituelles auraient été au coeur de cette culture et elles auraient nourri la nationalité traditionnelle canadienne-française. On lui opposait la culture états-unienne, présentée comme le symbole de l'irréligion. Comment ne pas s'en surprendre lorsqu'on sait la place éminente occupée par les idées religieuses dans l'histoire des États-

Unis, et ce autant dans la vie publique que dans la vie privée. C'était précisément, on s'en souviendra, l'une des premières observations que Tocqueville (*De la démocratie en Amérique*) faisait à propos de cette société : il ne connaissait pas d'exemples de vie collective aussi imprégnée par la religion.

 • Qu'il s'agisse, maintenant, de la vie sociale à l'échelle locale ou de la conduite des affaires de l'État et de sa destinée, l'esprit communautaire appartient également à la panoplie des traits supposément distinctifs de la vieille nationalité canadienne-française. Tout comme les autres, ce trait était opposé au moins implicitement à la culture *yankee*, ordinairement donnée comme l'archétype de l'individualisme. Les études historiques récentes montrent plutôt que la culture de la société rurale québécoise était faite d'un alliage assez complexe et même un peu surprenant de formes communautaires (les corvées, les solidarités de la famille et du voisinage, les institutions coopératives) et de formes ou de manifestations individualistes (l'image très forte du père incarnant l'honneur de la lignée, le régime de la propriété foncière consacré par le droit libéral, l'exploitant jaloux de ses clôtures, l'habitant réfractaire, faiseur de procès même dans les affaires de la religion, l'émulation entre producteurs agricoles). On sait que le même syncrétisme avait cours dans les campagnes étatsuniennes, à l'encontre même du stéréotype turnerien de l'homme de la frontière. De nombreuses monographies ont en effet mis au jour, là aussi, un équilibre socioculturel complexe qui trouvait des appuis dans le caractère familial de l'économie de peuplement (entre le XVIIe et le XIXe siècle) et dans la vigueur de l'esprit communautaire, reflétée dans la vie des collectivités locales. On découvre là un jeu subtil d'interactions entre individu et communauté qui invite à dépasser les typologies usuelles de la sociologie et de l'anthropologie.

• De même, on a gommé de nombreuses similitudes entre la société rurale du Québec et celle des États-Unis. Mentionnons à ce titre les structures et les orientations de l'exploitation agricole[23]; les modes de reproduction de la famille

---

[23] On a cru longtemps qu'entre le milieu du XVIIIe siècle et le milieu du siècle suivant, le capitalisme agraire, dans sa forme la plus pure, s'était imposé dans l'ensemble de l'agriculture étatsunienne. Or, depuis une vingtaine d'années, cette thèse a été radicalement contestée par les tenants de la *moral economy* (ou *peasant economy*) qui ont mis de l'avant des interprétations beaucoup plus nuancées. Selon le nouveau modèle, le capitalisme agraire se serait déployé beaucoup plus lentement et d'une manière en quelque sorte sélective au gré de compromis avec des formes d'autosubsistance, selon un modèle très proche de ce que nous avons qualifié de « co-intégration » (G. Bouchard, 1994b).

paysanne; un mélange d'enracinement et d'instabilité géographique; la vigueur de la démocratie à l'échelle des communautés locales; la mentalité de « frontière » : esprit d'indépendance, goût de l'aventure, rudesse de manières, pragmatisme, refus du formalisme... Ces derniers traits n'évoquent-ils pas de nombreux personnages familiers de l'imaginaire québécois traditionnel[24].

Il n'est pas sans intérêt de noter que ces interprétations et représentations postulent le caractère singulier, distinctif (la « différence ») du cas québécois, ce qui dispense la réflexion sur soi de l'observation des autres et, du même coup, la condamne à des explications *ad hoc*, parfois carrément fantaisistes. Ainsi, durant un siècle environ, les Québécois se sont large-

---

[24] Ces remarques ne veulent aucunement suggérer que les sociétés québécoise et étatsunienne auraient été au fond assez identiques, sous le couvert trompeur et un peu artificiel de la langue. Bien au contraire, en se référant à la période 1850-1950, d'importantes lignes de différenciation apparaissent : dans la structure institutionnelle des Églises (très centralisée et autoritaire au Québec), dans la place de la religion (plus ancrée à la fois dans les consciences individuelles et dans la vie communautaire aux États-Unis), dans la composition ethnique de la population (beaucoup plus homogène au Québec), etc. À trop insister sur les différences, la littérature, l'historiographie et le discours idéologique québécois ont fini par masquer aussi bien les ressemblances que les véritables spécificités. Du reste, la notion et la perspective même de l'américanité n'ont pu émerger dans la pensée québécoise récente qu'à la faveur d'une prise de distance à l'égard des impératifs de la « différence ».

ment nourris de fausses représentations d'eux-mêmes. Ces représentations ont été diffusées dans les idéologies, dans le
discours politique, dans les médias d'opinion, dans la prédi-
cation religieuse, dans les ouvrages scolaires. Elles ont aussi
imprégné le roman, la poésie, l'essai, la chanson. Elles ont enfin fourni un paradigme (au sens strict cette fois) à la science
historique et aux sciences sociales[25]. Or, tous ces traits décou-
lent plus ou moins directement de l'orientation continuiste.
Pour revenir à nos définitions du début, nous dirons que,
durant la période considérée, cette collectivité neuve n'a pas su
se donner un discours de la rupture qui aurait inspiré de grandes utopies de recommencement[26] et ouvert la voie à l'indépendance politique. Elle n'a pas non plus suscité une culture savante qui aurait su « nommer » ou s'approprier vraiment les

---

[25] Nous avons essayé de montrer ailleurs comment ces disciplines, par la façon dont elles ont formulé les problèmes, par les interprétations qu'elles ont
mises en forme, ont elles aussi pratiqué à leur manière un refus de l'américanité (G. Bouchard, 1990b).

[26] De nouveau, on note, bien sûr, des exceptions, des manifestations épisodi-
ques, mais qui ne suscitent guère d'écho ou qui demeurent sans suite. On
pense ici à certains romans comme *Robert Lozé* d'Errol Bouchette, ou à
l'utopie de développement qui a accompagné le peuplement de la région du
Saguenay entre 1880 et 1910 environ (G. Bouchard, 1989). Ce dernier
exemple illustre à la fois le modèle de la continuité et celui de la rupture dans
la mesure où l'utopie saguenayenne obéissait à deux ressorts : le premier,
externe, résidait dans l'impulsion des élites « nationales »; le second, local,
inspirait une mythologie du développement caractéristique de l'américanité.

nouveaux espaces en s'en servant comme d'un matériau pour élaborer un imaginaire collectif original.

Nous avons souligné les contradictions et les ambiguïtés que véhiculaient ces grandes orientations collectives; mais il faut aussi évoquer ce qui leur a néanmoins permis de se perpétuer. Le repli continuiste correspondait certes à une réaction, un ajustement aux impasses constitutionnelles et politiques nées de l'après-Rébellion. Il servait parfaitement aussi les ambitions d'une petite bourgeoisie qui voulait orchestrer son ascension sociale dans le sillage du clergé. Mais plus encore peut-être, il sauvegardait les intérêts du capitalisme industriel en installant en quelque sorte les enjeux de la culture au-delà de la cité; une sorte de désarticulation se créait ainsi entre, d'un côté, l'univers de la production et de ses rapports sociaux, et de l'autre, celui de la hiérarchie socioculturelle et de la vie symbolique. Dissociés de la sorte, ces deux univers ont évolué longtemps dans une grande harmonie, une grande fonctionnalité[27].

---

[27] On peut parler de libéralisme (comme le fait F. Roy, 1993) pour désigner cette attitude conciliante des élites à l'endroit de l'économie capitaliste, mais à condition d'en soustraire d'importants corollaires sociaux et culturels.

II

VERS UNE AMÉRICANITÉ QUÉBÉCOISE

Dans la première moitié du XXe siècle, le paradigme de la survivance a été fortement ébranlé par les traumatismes de la Crise et de la Deuxième Guerre mondiale, et davantage encore par l'effervescence économique et sociale qui a suivi. Dans les expressions idéologiques et symboliques de la culture savante, on voit alors les élites se réconcilier avec l'américanité; du coup, de larges segments de la culture populaire se trouvent réhabilités. Les représentations collectives prennent acte des transformations de la réalité québécoise : y trouvent place désormais des figures pourtant familières et jusque là négligées comme la ville, le travail industriel, les rapports sociaux conflictuels, les premières échappées hors du cercle de la famille, de la langue et de la foi. On perçoit aussi cette transition dans la littérature, qui fait une place plus grande à l'espace du nouveau monde, à l'errance, à l'aventure, à de nouveaux héros. La rhétorique de l'ancienne « littérature nationale » s'estompe, les personnages s'y méfient de la culture savante et de ses abstractions, la ville et ses métiers y sont au premier rang, l'Amérindien apparaît sous un nouveau visage, tout comme l'étranger, et les paysages acquièrent leurs couleurs locales. Avec Gabrielle Roy, Roger Lemelin, Yves Thériault et d'autres, le roman se livre à l'observation plus réaliste de la vie quotidienne. Une bonne partie de la culture savante se réconcilie avec le parler du pays, dont certains font même désormais la promotion comme langue nationale. Avec les années 1960 et la Révolution tranquille, c'est toute une génération de littéraires qui prendront ce programme à leur charge (les Marie-Claire Blais, André Major, Jacques Godbout, Réjean Ducharme, Victor-Lévy Beaulieu, Michel Tremblay, Jacques Poulin et autres). Bien d'autres domaines encore de la création portent un même témoignage de ce renversement de perspectives, qu'il s'agisse de la peinture, de l'architecture, de la sculpture ou du théâtre. On amorce ainsi le glissement d'une culture d'emprunt vers ce qu'on pourrait appeler une culture d'empreinte[28]. Une évolution semblable affecte aussi, simultanément, les sciences sociales et historiques.

Dans la même veine, le Québec commence alors à recon-

---

[28] Pour plusieurs cependant (A. Belleau, B. Melançon, Y. Rivard, J. Morency, Y. Lamonde…), cette transition n'emporte qu'un segment — important, au demeurant — de la littérature québécoise et on aurait tort de la tenir pour irréversible; la littérature ferait montre désormais d'une très grande ambiguïté quant à ses références profondes.

naître sa diversité, dont il fait peu à peu l'apprentissage. Les minorités ethniques (devenues aujourd'hui les « communautés culturelles ») commencent à émerger dans la conscience nationale[29]. L'espace culturel du Québec, perçu jusque-là comme uniforme, se charge bientôt de contrastes, de clivages : c'est la diversité linguistique et génétique entre les macro-régions de l'Est et de l'Ouest (G. Bouchard, 1990a, 1994a), c'est la stratification économique et sociale entre les vieilles régions de la vallée du Saint-Laurent et la couronne des régions dites périphériques ou péri-laurentiennes créées entre le milieu du XIXe siècle et le milieu du XXe. La prise de conscience de ces figures d'hétérogénéité transpire bientôt dans les sciences sociales et dans l'opinion publique : c'est Gérald Fortin (1961, 1962) qui, dans deux articles précurseurs, attire l'attention sur la diversité dans les conditions socio-économiques des campagnes; c'est Gérard Pelletier annonçant dans *Cité libre* (1950) la fin de l'« unanimité »; c'est Guy Rocher dessinant les contours de la nouvelle francophonie de type nord-américain, en terre québécoise. Et c'est aussi, avec *Parti pris* et un syndicalisme

---

[29] Grâce, en particulier, à la série de monographies publiées à partir des années 1970 à l'initiative de l'ancien Institut québécois de recherche sur la culture.

de plus en plus agressif, la réalité des classes et des inégalités sociales qui impose sa thématique de divisions et de conflits structurels.

Il faut s'arrêter un instant sur la représentation de la communauté nationale. On assiste en effet, depuis quelques décennies, à une redéfinition en profondeur de la nation et de la nationalité. De canadienne-française qu'elle était, celle-ci est devenue québécoise. La nationalité a, en effet, entrepris de se dépouiller progressivement de la majorité de ses traits ethniques comme la religion, les coutumes, la filiation ancestrale et la communauté d'origine; elle a aussi été délestée, en très grande partie, de la vieille symbolique identitaire. L'historiographie, de son côté, a élargi et remodelé les cadres de la mémoire en s'affranchissant des impératifs de la continuité et de la survivance canadienne-française. Le mode de construction du passé québécois a été réorganisé autour de la problématique générale d'une société en devenir, en accord avec son environnement physique, économique et culturel continental[30], etc. L'identité québécoise tend désormais à se définir principalement par la langue, la volonté de construire une

---

[30] Ce qu'on appelle maintenant l'histoire « révisionniste ». Voir à ce sujet R. Rudin (1992) ainsi qu'un numéro spécial du *Bulletin d'histoire politique* (vol. 4, n° 2, hiver 1995).

collectivité originale sous la gouverne d'un État et la relation à un même territoire. Le nationalisme lui-même entend se construire dans la diversité tout en se donnant des contenus sociaux très explicites. Cette nouvelle manière plaide à l'échelle locale pour une nation au pluriel et, à l'échelle internationale, pour une pluralité des nations. Encore là, bien sûr, cette évolution ne fait pas l'unanimité au Québec, mais il s'agit certainement d'une tendance lourde qui rallie la grande majorité des francophones et qui va en s'amplifiant aujourd'hui. Ce qu'il importe de bien marquer ici, c'est qu'à travers les avances, les reculs, les tâtonnements, les incertitudes et les controverses des cinquante dernières années, le Québec est de nouveau en train d'aménager sa rupture par rapport aux vieilles allégeances françaises et européennes, et d'affirmer une volonté de reconstruction collective dans l'américanité. Avec ce changement de perspectives, il a cessé de se représenter comme une marginalité pour se poser de plus en plus comme un acteur historique de plein droit, le vieux paradigme de la survivance faisant désormais place à une dynamique de l'affirmation et de l'émergence[31].

---

[31] Trait remarquable de cette évolution : après avoir été longtemps le vecteur de la continuité, le nationalisme, en se transformant, est devenu le moteur de la rupture.

La figure la plus révélatrice de la transition qui s'opère réside peut-être dans la nouvelle conception qui est proposée pour l'avenir de la culture française au Québec. Il ne s'agit plus désormais de reproduire ou de perpétuer la tradition, la culture ou même la langue de la France, mais plutôt d'ériger une francophonie d'un type particulier dans le contexte nord-américain, qui sache tirer profit et se nourrir de la diversité ethnique et culturelle d'ores et déjà inscrite sur le territoire québécois, et qui adopte la langue française comme dénominateur commun, comme vecteur des échanges et des interactions à venir. À bon droit, on peut se demander où cette évolution va conduire et si, même, elle ira jusqu'au bout de sa course. Sur le plan culturel par exemple, le projet d'une francophonie québécoise de type nord-américain porte en lui-même le danger d'une assimilation pure et simple par la culture de masse étatsunienne ou, pire encore, le risque d'une régression vers des formes linguistiques et culturelles qui replongeraient cette société dans la marginalité. Quant au plan politique, il est bien évident que le mouvement souverainiste actuel s'inscrit au coeur de la dynamique de la rupture et du recommencement. Mais ce recommencement est tardif; il survient dans une conjoncture continentale qui n'est pas celle du XVIIIe ou du XIXe siècle et rien n'assure que la présente tendance soit porteuse des mêmes dénouements. Il est permis de lire sous cet éclairage les résultats des référendums de 1980 et de 1995. Encore une fois, il n'existe pas ici de déterminisme et, en dépit des modèles historiques offerts par les autres collectivités neuves des Amériques, on ne doit pas exclure que le Québec, entré bien tard dans la dynamique de la rupture et des utopies de reconstruction, s'y arrête en quelque sorte à mi-chemin, pour s'installer en permanence dans une espèce d'entre-deux qui ne serait ni vraiment la continuité, ni vraiment la rupture (ni vraiment la survivance et ni vraiment l'émergence), mais qui relèverait d'un syncrétisme prenant l'allure tantôt d'une grande confusion et tantôt d'une riche synthèse. En cette fin de siècle, le Québec est de nouveau engagé sur la voie d'une rupture politique et culturelle dont le dessin reste toutefois à compléter.

III

DES ÉLITES EN QUÊTE D'UNE NATION

Nous avons eu l'occasion, au cours des pages qui précèdent, d'évoquer au passage l'espèce d'antinomie qui, pendant un siècle, semble avoir caractérisé au Québec les rapports entre, d'une part, les élites politiques et culturelles et, d'autre part, les classes populaires (urbaines et rurales). À certains égards, c'est là, bien sûr, un phénomène très familier, présent en quelque sorte dans l'ensemble des sociétés occidentales; mais notre hypothèse suggère qu'il aurait pris des formes plus accusées au Québec, précisément à cause de cette divergence inscrite dans les orientations respectives d'une culture savante tournée vers l'Europe et d'une culture populaire réfractaire, im-mergée dans l'américanité. De diverses façons, ce trait nous est apparu étroitement associé à la tradition continuiste. Culture populaire, culture réfractaire, disons-nous : il est assez vrai que, depuis le milieu du XIXe siècle, le peuple québécois a fait les choses à sa manière, allant souvent à l'encontre des directives et des projets formulés par ses élites. Pensons à l'émigration massive vers les États-Unis, à l'exode rural, à la transgression des interdits qui pesaient sur l'alcool, les danses, le cinéma, le travail dominical, le mauvais français, les modèles culturels étatsuniens, et le reste. Au plan social et politique, les exemples ne manquent pas non plus : l'échec de la Rébellion de 1837-1838, la forte implantation des syndicats non catholiques (« internationaux »), l'échec du mouvement corporatiste et des campagnes d'achat chez nous, l'avortement du front populaire des années 1940, les résultats négatifs des référendums de 1980 et de 1995…[32]

Ce qui est ici remarquable, c'est qu'avant le milieu du XXe siècle, et contrairement à la plupart des sociétés européennes du XIXe siècle par exemple, la société québécoise n'a pas souffert de grandes déchirures, de rapports conflictuels profonds et violents entre les classes populaires et les élites d'affaires (ou, en d'autres mots, entre la classe ouvrière et la classe capitaliste). Des grèves certes, mais pas d'insurrection qui aurait remis en cause le tissu social lui-même. Au contraire, il semble plutôt que, dans les moments de tension ou de crise collective, le peuple a eu plutôt tendance à se ranger du côté des patrons, comme si ces deux partenaires s'étaient reconnu une sorte de complicité dans leur rapport au monde, en particulier dans leur expérience de l'américanité. On revient ici aux deux univers évoqués plus haut, celui de la production et celui de la culture : c'est par les rapports sociaux de production que les classes populaires s'inséraient dans la vie collective. L'autre univers était étranger à leur condition, trop loin de

---

[32] Il y a des exceptions, bien sûr; par exemple, la Révolution tranquille, ou les votes « anti-conscription » de 1917 et de 1942, où le peuple s'est rallié autour des élites.

leurs racines; elles n'y trouvaient guère de résonance et s'en méfiaient.

Il y a plus. Pour la majorité de ceux qui avaient vécu l'échec de 1837-1838 et pour les générations qui ont suivi, il semble que la culture ait offert la seule voie de survie collective à court et à moyen terme. La culture : entendons ici l'héritage français dans ce qu'il avait de plus pur et de plus beau, reflété, d'un côté, dans la langue et l'esprit des grandes oeuvres classiques, et de l'autre, dans la vieille tradition orale (les contes, les chansons) ainsi que dans les coutumes. Mais il y avait aussi l'autre langue et l'autre culture, celles de l'américanité évoquée plus haut. En conséquence, deux tâches incombaient aux élites : *a)* corriger la langue (et la culture) du peuple; *b)* ajouter à la culture savante française des contenus proprement québécois, dans le prolongement et dans l'esprit de l'héritage. On reconnaît là deux trames de l'histoire culturelle du Québec des XIXe et XXe siècles. La première a suscité de nombreux guides, manuels et dictionnaires, des associations, des congrès, des campagnes de bon parler français, et le reste. La seconde s'est manifestée dans d'innombrables écrits sous la forme d'un constat récurrent de pauvreté de la culture québécoise à laquelle il fallait remédier par la littérature, les arts et les sciences, en instituant une véritable tradition de la pensée et de l'identité qui finirait par donner corps à la culture nationale[33]. Dans les deux cas, les initiatives qui en découlaient tendaient à durcir les rapports entre élites et classes populaires et à les éloigner davantage[34]. À cet égard, il est à peine exagéré de dire que les élites « faisaient » de la culture tout comme les colons « faisaient » de la terre : ainsi, la nation se construisait par en haut et par en bas, mais selon des plans divergents.

L'avenir immédiat de la société et de la culture québécoises dépend dans une grande mesure de l'évolution de l'antinomie qui vient d'être évoquée et des paramètres qui la commandent. Celle-ci, comme nous l'avons dit, s'est atténuée depuis quelques décennies. En matière constitutionnelle, on voit maintenant les grandes centrales syndicales s'allier avec les nationa-

---

[33] Comme la première, cette veine demeure bien vivante, du reste; tout près de nous, pensons aux nombreux écrits de Georges-André Vachon sur le sujet (voir, par exemple, le numéro spécial que lui a consacré la revue *Études françaises* (31, 2, 1995), et tout particulièrement le commentaire que F. Dumont y a publié. Ce thème nous renvoie, bien sûr, à la thèse de E. Hobsbawm (1983) sur l'« invention » des traditions nationales.

[34] On sait que l'action des élites ne se limitait pas à la culture savante : on fabriquait aussi de la culture populaire. En 1938, à l'occasion du centenaire de la région du Saguenay, Mgr Victor Tremblay voulut donner plus d'authenticité aux célébrations en dessinant lui-même (ou en faisant dessiner) un costume « traditionnel » pour chacune des paroisses de sa région…

listes, et ce, contre les patrons. En ce sens, il s'est opéré un important rapprochement entre les élites socioculturelles et le peuple. Les premières ont été poussées vers l'américanité parce que leurs positions sociales traditionnelles ont été minées par les changements de la Révolution tranquille. L'autorité du clergé a été affaiblie par la laïcisation et les vieilles professions libérales ont été un peu marginalisées dans une société devenue de plus en plus technocratique et bureaucratisée. En même temps, de nouvelles élites issues de la société post-industrielle et formées à la manière étatsunienne leur faisaient concurrence (H. Guindon, 1988). Dans l'autre direction, une démocratisation de l'enseignement a favorisé la mobilité sociale (reflétée principalement dans l'essor des classes moyennes) et a rendu plus largement accessibles les contenus de la nouvelle culture savante. Sous ce rapport, il convient de souligner encore une fois le rôle de la Révolution tranquille dont les leaders ont affiché un souci social important (pensons à l'assurance-santé ou à la démocratisation de l'éducation).

IV

COMPRENDRE LE PRÉSENT ET L'AVENIR DE LA CULTURE QUÉBÉCOISE : QUELQUES PERSPECTIVES DE RECHERCHE

Pour démontrer et illustrer avec toutes les nuances requises les propositions qui viennent d'être énoncées, il faudra bien plus que les quelques textes donnés en référence au début et dont les principales conclusions ont été ici résumées. Ensemble, ces propositions constituent le fil conducteur d'un véritable programme de recherche. L'éclairage suggéré promet en effet de réviser en profondeur certains aspects de l'histoire culturelle du Québec et de renouveler le questionnaire sur le passé et le présent de cette société.

Notre démarche trouve son point de départ dans la problématique des collectivités neuves et, plus particulièrement, dans l'alternative rupture / continuité (Quelle vision du nouveau monde? Quelles finalités? Quelles utopies?). Elle invite ensuite à rechercher les coordonnées sociales de l'orientation dominante (Consensus au sein des classes sociales, ou, au contraire, antinomie, fractionnement, désarticulation?). De là, on est conduit à explorer le mode de construction du passé, le rôle de l'historiographie comme mise en forme d'un paradigme de la continuité ou de la rupture (Quels mythes fondateurs? Quelle mission historique? Quelle tradition collective?). Enfin, il faut examiner les tentatives visant à définir une identité, à instituer une représentation de la nouvelle collectivité. Inévitablement, ce dernier volet en vient à embrasser toute la question de l'idée nationale : dans quelles conditions émerge-t-elle? Quels segments de la société recouvre-t-elle? Comment arrive-t-on à concilier l'homogénéité qu'elle suppose avec les éléments d'hétérogénéité ou de clivages que la société lui oppose? Prise séparément, aucune de ces questions ne paraît vraiment originale, sauf la première. Or, c'est elle qui, en définitive, commande tout l'éclairage et donne aux autres une direction nouvelle.

Appliquée à l'histoire du Québec, cette démarche nous a amené à poser ce qu'on peut désigner comme le problème général de l'émergence de la mémoire collective (et de la tradition?) dans une société neuve. Qu'elle se constitue comme commentaire de la rupture ou de la continuité, une impasse surgit toujours : dans le premier cas, la mémoire se nourrit moins du passé proprement dit que de l'avenir rêvé; dans le second, elle doit inventer des références qui servent de précédents et fondent une tradition. Nous avons été conduit aussi à présenter comme un trait essentiel l'antinomie entre les modèles européens de la culture savante et les allégeances continentales de la culture populaire. La culture québécoise est ainsi apparue comme tissée en haut par les élites (une culture qui nie l'américanité) et métissée en bas par le peuple (une culture qui renie les rêves officiels)[35]. D'autre part, notre démarche nous a fait voir que l'idée nationale a servi tour à tour la continuité puis la rupture, et que, à la différence des États-Unis par exemple, c'est par la voie du nationalisme que le Québec est finalement revenu pour de bon aux utopies de recommencement collectif, la religion n'y étant pour rien.

Notre essai fait voir aussi la fonction première de l'esprit critique comme ressort de l'enquête historique et comme recours pour la compréhension du présent. L'historien peut ainsi apporter une contribution originale aux débats actuels sur la

---

[35] Sous une forme un peu modifiée, cette dualité se manifeste aussi au coeur de la Révolution tranquille. Pour une part, celle-ci a été le fait des nouvelles élites technocratiques, dont l'essor a été signalé jadis par Guy Rocher (1968), lesquelles ont réformé les institutions et « modernisé » les idéologies. Mais en parallèle, une révolution culturelle s'opérait aussi, largement inspirée par la culture populaire. On ne s'est peut-être pas assez étonné de ce que la Révolution tranquille ait été aussi spontanément acceptée par les couches populaires. C'est qu'une importante évolution était en cours là aussi depuis plusieurs décennies, comme le montre bien l'enquête régionale (G. Bouchard, 1996, chapitre XIX).

construction de la cité, en démontant la mécanique des discours de légitimation (qui s'appuient toujours sur des cons-
tructions plus ou moins explicites du passé) pour y déceler les
enchaînements arbitraires, les contradictions, sinon les contre-
façons. Sous ce rapport, l'un des meilleurs exemples concerne
le traitement réservé à la diversité dans la définition de la
nation. Il y a là, comme nous venons de l'indiquer, une con-
tradiction apparemment insurmontable : comment faire entrer
le différent dans ce qui, par définition, doit être identique et
indivisible ? Cette vieille question est relancée avec plus
d'acuité par les changements introduits depuis peu dans la plupart des sociétés occidentales, du fait de ce que l'on pourrait
appeler l'essor des « cultures immigrantes ». En conséquence,
les États-nations renoncent de plus en plus à assimiler les
nouveau-venus, mais sans s'être encore donné les plans d'un
nouveau cadre national, capable de concilier l'intégration
collective avec une hétérogénéité culturelle croissante. Construire la nation dans la diversité : c'est là sans doute l'un des
défis les plus importants de cette fin de siècle[36].

---

[36] Interroger sous ce rapport le passé des cultures nationales montre à quel
point l'imagination idéologique est inventive. L'histoire du Mexique, avec sa
population très diversifiée, en offre un bel exemple (H. Favre, 1994). Le cas
du Québec n'est pas moins instructif, à sa manière. Nous avons montré

Conférence Charles R. Bronfman

Afin de mieux asseoir sa fonction critique et pour exercer avec plus de crédibilité sa responsabilité collective, l'historien peut trouver un précieux appui méthodologique dans l'enquête comparative. On sait que le détour par l'Autre est un procédé efficace et objectif pour étendre et renouveler la réflexion sur Soi. Le moins qu'on puisse dire, c'est que les historiens québécois n'en ont pas abusé[37]. Le paradigme de la survivance, comme nous l'avons souligné, dramatisait le cas québécois, dont il postulait l'unicité. Cette prémisse fermait un peu la voie à l'étude scientifique des autres, amenant l'historien à restreindre son enquête au cercle de la nation en péril et à élaborer comme par introspection les coordonnées de sa démarche. Les études comparatives sur l'histoire des collectivités nationales, en particulier parmi les populations neuves des Amériques et de l'Océanie, s'imposent désormais comme une sorte d'ur-

---

ailleurs (G. Bouchard, 1995b) comment, dans la seconde moitié du XIXe siècle, les lettrés québécois ont effacé le clivage qui séparait la culture savante de la culture populaire en rattachant l'une et l'autre à une origine commune, à savoir l'antique culture de la France; au lieu de deux univers en opposition, on voyait désormais deux figures d'un même héritage...

[37] L'enquête comparative a des antécédents, bien sûr, mais surtout dans les années très récentes, comme le montre, par exemple, une étude Québec / Pologne (R. Breton *et al.*, 1990). Signalons aussi un projet de recherche en cours à l'IREP, avec la collaboration d'une quinzaine de collègues québécois et étrangers, et dont nous assurons la direction avec le professeur Yvan Lamonde de l'Université McGill (« Perspectives comparées sur les collectivités nationales aux XIXe et XXe siècles »).

gence : à quel rythme et selon quelles modalités — le cas échéant — le décrochage européen s'y est-il effectué? Comment l'idée nationale s'y est-elle instituée et perpétuée? Quelles singularités et quelles convergences émergent des différents itinéraires socioculturels et politiques esquissés depuis les XVIe et XVIIe siècles dans ces espaces neufs? etc. Pour l'historiographie et les sciences sociales québécoises, c'est là une nouvelle « frontière » qui promet de ré-oxygéner la réflexion autant sur le présent que sur le passé et d'apporter des éléments de réponse à quelques questions essentielles : pourquoi le Québec est-il l'une des rares collectivités américaines à ne pas avoir réalisé son indépendance politique? L'antinomie observée entre les élites et les classes populaires est-elle une figure spécifiquement québécoise — et qu'y a-t-il de vraiment original dans l'histoire culturelle de cette population? Pourquoi (à supposer que ce soit vraiment le cas) la littérature québécoise a-t-elle commencé aussi tardivement à briser pour de bon ses allégeances européennes? etc.

Un débat vient d'être amorcé au Québec à la suite de l'article de R. Rudin (1992) sur l'historiographie « révisionniste » des vingt ou trente dernières années. Très vite, on en est venu à se demander ce que devrait être l'historiographie « post-révisionniste ». En définitive, seule la pratique historienne, au gré de ses aléas, de ses convergences et de ses divergences, apportera véritablement une réponse à cette question. Mais parmi les voies qu'il est dès maintenant possible d'entrevoir, il est certain que l'histoire critique et comparative offre une perspective féconde : elle invite à une analyse critique des représentations et définitions collectives élaborées par la culture savante, sous l'éclairage d'autres expériences collectives, la comparaison servant ici de procédé d'objectivation.

Renvois bibliographiques

Beaugrand, H. 1989. *La Chasse-galerie et autres récits,* édition critique (sous la direction de François Ricard), Montréal, Les Presses de l'Université de Montréal, 362 p.

Bouchard, G. 1989. Une Nouvelle-France entre le Saguenay et la Baie-James : Un essai de recommencement national au dix-neuvième siècle, *Canadian Historical Review*, vol. LXX, n° 4, University of Toronto Press (décembre), p. 473-495.

Bouchard, G. 1990a. Représentations de la population et de la société québécoises : l'apprentissage de la diversité, *Cahiers québécois de démographie*, vol. 19, n° 1 (printemps), p. 7-28.

Bouchard, G. 1990b. L'historiographie du Québec rural et la problématique nord-américaine avant la Révolution tranquille. Étude d'un refus, *Revue d'histoire de l'Amérique française*, vol. 44, n° 2 (automne), p. 199-222.

Bouchard, G. 1993. Une nation, deux cultures. Continuités et ruptures dans la pensée québécoise traditionnelle (1840-1960), dans G. Bouchard (dir.), avec la collaboration de S. Courville, *La construction d'une culture. Le Québec et l'Amérique française*, Sainte-Foy, Québec, Les Presses de l'Université Laval, p. 3-47.

Bouchard, G. 1994a. La région culturelle : un concept, trois objets. Essai de mise au point, dans Fernand Harvey (dir.), *La région culturelle. Problématique interdisciplinaire*. Québec, CEFAN/Institut québécois de recherche sur la culture, p. 111-122.

Bouchard, G. 1994b. Trois chemins de l'agriculture au marché. Capitalisme, proto-industrialisation, co-intégration. Réflexion à partir de l'exemple du Saguenay (Québec), *Histoire et Sociétés Rurales*, n° 2, 2e semestre, p. 69-90.

Bouchard, G. 1995a. Le Québec comme collectivité neuve. Le refus de l'américanité dans le discours de la survivance, dans G. Bouchard et Y. Lamonde (dir.), *Québécois et Américains : La culture québécoise aux XIXe et XXe siècles*, Montréal, Fides, p. 15-60.

Bouchard, G. 1995b. L'ethnographie au secours de la nation. Mobilisation de la culture populaire par les lettrés canadiens-français (1850-1900), dans S. Langlois (dir.), *Identité et cultures nationales. L'Amérique française en mutation*, Sainte-Foy, Québec, Les Presses de l'Université Laval, p. 17-47.

Bouchard, G. 1995c. La nation au singulier et au pluriel. L'avenir de la culture nationale comme « paradigme » de la société québécoise, *Cahiers de recherche sociologique*, n° 25, p. 79-99.

Bouchard, G. 1996. *Quelques arpents d'Amérique. Population, économie, famille au Saguenay*. À paraître à l'hiver 1996 chez Boréal.

Breton, R., G. Houle, G. Caldwell, E. Mokrzycki, E. Wnuk-Lipinski (dir.) 1990. *National Survival in Dependent Societies. Social Change in Canada and Poland*, Ottawa, Carleton University Press, 389 p.

Dumont, F. 1987. *Le sort de la culture,* Montréal, L'Hexagone, 332 p.

Dumont, F. 1993. *Genèse de la société québécoise,* Montréal, Les Éditions du Boréal, 393 p.

Favre, H. 1994. Race et nation au Mexique de l'indépendance à la révolution, *Annales, Histoire, Sciences Sociales*, 49e année, n° 4 (juillet-août), p. 951-976.

Fortin, G. 1961. Les changements socio-culturels dans une paroisse agricole, *Recherches sociographiques*, vol. II, n° 2 (avril-juin), p. 151-170.

Fortin, G. 1962. L'étude du milieu rural, dans F. Dumont et Y. Martin (dir.), *Situation de la recherche sur le Canada français*, Québec, Les Presses de l'Université Laval, p. 105-116.

Fournier, M. 1983. Autour de la spécificité, *Possibles*, vol. 8, n° 1, p. 85-114.

Garigue, P. 1956. Mythes et réalités dans l'étude du Canada français, *Contributions à l'étude des sciences de l'homme*, n° 3, p. 123-132.

Garigue, P. 1962. *La vie familiale des Canadiens français,* Montréal / Paris, Presses de l'Université de Montréal / Presses Universitaires de France, 142 p.

Gauldrée-Boilleau, C.-H.-P. 1968. Paysan de Saint-Irénée-de-Charlevoix en 1861 et 1862, dans P. Savard (dir.), *Paysans et ouvriers québécois d'autrefois*, Québec, p. 1976.

Gérin, L. 1946. *Aux sources de notre histoire. Les conditions économiques et sociales de la colonisation en Nouvelle-France*, Montréal, Fides, 275 p.

Gérin, L. 1968. L'habitant de Saint-Justin, dans J.-C. Falardeau et P. Garigue, *Léon Gérin et l'habitant de Saint-Justin*, Montréal, Les Presses de l'Université de Montréal, p. 49-128.

Greer, A. 1993. *The Patriots and the People. The Rebellion of 1837 in Rural Lower Canada,* Buffalo, New York, University of Toronto Press, Social History of Canada, n° 49, 385 p.

Guindon, H. 1988. *Québec Society: Tradition, Modernity and Nationhood*, Toronto, University of Toronto Press, 180 p.

Hartz, L. 1964. *The Founding of New Societies*, New York, Harcourt, Brace & World, 336 p.

Harvey, L.-G. 1990. Importing the Revolution: The Image of America in French Canadian Political Discourse, 1805-1837. Thèse de doctorat en histoire, Université d'Ottawa.

Hobsbawm, E. 1983. Inventing Traditions, dans E. Hobsbawm, T. Ranger (dir.), *The Invention of Tradition*, Cambridge, Cambridge University Press, p. 1-14.

Lamonde, Y. 1984. American Cultural Influence in Quebec: A One-way Mirror, dans A. O. Hero et M. Daneau (dir.), *Problems and Opportunities in U. S. A. Québec Relations*, Boulder et London, Westview Press, p. 106-126. Ce texte est aussi paru en français dans Y. Lamonde, 1991. *Territoires de la culture québécoise*, Québec, Presses de l'Université Laval, p. 235-258.

Lamonde, Y. 1995a. L'ombre du passé. François-Xavier Garneau et l'éveil des nationalités. À paraître avec les Actes d'un colloque sur F.-X. Garneau, organisé par le Centre de recherche sur la littérature québécoise (CRELIQ), Université Laval.

Lamonde, Y. 1995b. L'ambivalence historique du Québec à l'égard de sa continentalité : circonstances, raisons et signification, dans G. Bouchard et Y. Lamonde (dir.), *Québécois et Américains : La culture québécoise aux XIXe et XXe siècles*, Montréal, Fides, p. 61-84.

Lamonde, Y. 1996. *Ni avec eux, ni sans eux. Le Québec et les États-Unis,* Québec, Nuit blanche. À paraître au printemps 1996.

Lemire, M. 1982. En quête d'un imaginaire québécois, *Recherches sociographiques*, vol. XXIII, n°s 1-2 (janvier-août), p. 175-186.

Lemire, M. (dir.) 1986. La valorisation du champ littéraire canadien à partir de 1840, dans *L'Institution littéraire*, Québec, Institut québécois de recherche sur la culture, p. 61-73.

Marcotte, G. 1989. *Littérature et circonstances.* Montréal, L'Hexagone, 91 p.

Miner, H. 1963. *St. Denis: A French-Canadian Parish*, Chicago, The University of Chicago Press, 299 p.

Montpetit, R. 1983. L'autre culture québécoise. La croissance de l'américanité dans la culture québécoise de masse, *Critère*, n° 35, p. 133-145.

Rioux, M. 1974. *Les Québécois,* coll. Le temps qui court, Paris, Éditions du Seuil, 188 p.

Rocher, G. 1968. Multiplication des élites et changement social au Canada français, *Revue de l'Université de Bruxelles*, vol. V, n° 1, p. 79-94.

Roy, F. 1993. *Histoire des idéologies au Québec aux XIXe et XXe siècles*, Montréal, Boréal, 115 p.

Rudin, R. 1992. Revisionism and the Search for a Normal Society: A Critique of Recent Quebec Historical Writing, *The Canadian Historical Review*, vol. LXXIII, n° 1 (mars), p. 30-61. Cet article a été traduit en français : La quête d'une société normale : critique de la réinterprétation de l'histoire du Québec, *Bulletin d'histoire politique*, vol. 3, n° 2, 1995, p. 9-42.

Le papier utilisé pour cette publication satisfait aux exigences minimales contenues dans la norme American National Standard for Information Sciences – Permanence of Paper for Printed Library Materials, ANSI Z39.48-1992.

Achevé d'imprimer en mai 1996 chez

VEILLEUX
IMPRESSION À DEMANDE INC.

à Boucherville, Québec